HIN

HIN

HIN

HIN

HIN

HIN

HIN

HIN

HIN

HIN

HIN

HIN

LA MISIÓN DE YUNUS' MISSION

Written by / Escrito por

WENDY DÍAZ

Illustrations by / Ilustraciones por

HERNÁN GUADALUPE

Primera edición 2012.

Segunda edición 2022.

Escrita por Wendy Díaz

Ilustrado por Hernán Guadalupe

Impreso en los Estados Unidos de América

First Edition 2012.

Second Edition 2022.

Written by Wendy Díaz

Illustrated by Hernán Guadalupe

Printed in the United States of America

A long time ago in a faraway land,
There lived a very incredible man.
His name was Yunus, a Prophet chosen by the Most Supreme,
And his story is one you would not imagine in your wildest of dreams.

Habia una vez en una tierra lejana,
Un gran profeta de Alá y Yunus se llamaba.
También conocido en español como Jonás,
Tiene una historia que no se duplicará jamás.

His du'a was so powerful; it tips all the scales,
Because Allah responded to it even though he was in the belly of a whale!
I can't believe it, you might just think,
But in the Noble Qur'an, Allah confirms it.

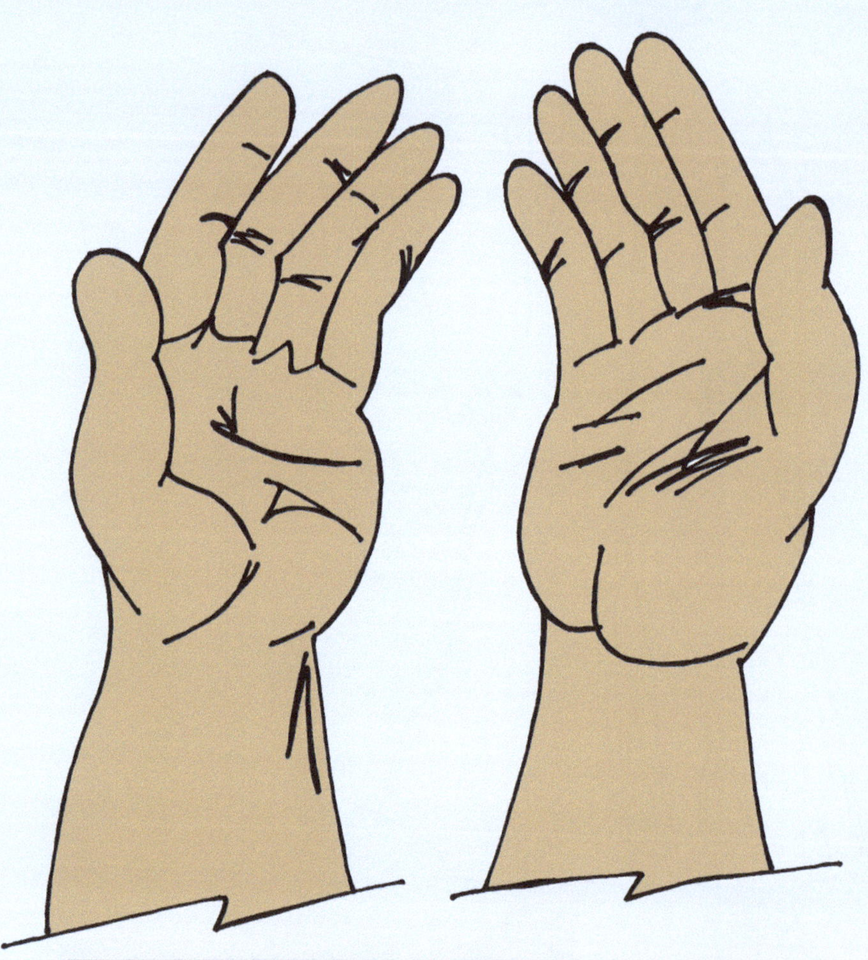

Pues su suplica era tan poderosa y sincera,
Que Allah le respondió mientras en la barriga de una ballena.
¡No lo puedo creer! Quizás dirás,
Pero así Allah lo ha revelado en el Noble Corán.

This story is about a man, who was so pious,
That Allah chose him to tell people to stop worshipping idols.
"Stop what you are doing, or you will earn Allah's punishment."
But they did not obey, and it took a toll on his temperament.

Se trata de un hombre justo a quien Alá escogió,
Para advertirle a su pueblo que no adoraran a los ídolos.
"Paren esto o Alá los castigará",
Pero no le obedecían, cosa que le hizo enojar.

"I had better leave," Yunus said.
So he found a boat, hopped on, and fled.
But while that boat sailed through the waves,
A huge storm developed and sent down thunderous rain.

The crew on the boat began to fear,
"There must be someone bringing bad luck to us here."

La gente del barco temía la muerte,
Y quisieron averiguar quién les había traído la mala suerte.

They cast lots to choose the one at fault,
Once, twice, three times, Yunus' name was called.

Echaron suertes para saber quién fue,
Seleccionaron a Yunus una vez, dos veces, y tres.

The custom was to throw the perpetrator into the sea,
There was no use to argue, it was his destiny.
Although Yunus was afraid, he was very brave,
He had abandoned his message and Allah had decided his fate.

La costumbre era lanzar al mar al escogido,
No se podía discutir, pues ese era su destino.
Aunque tenía mucho miedo, Yunus fue valiente,
Era el decreto de Alá por él abandonar el mensaje a su gente.

But when he was thrown into the ocean something incredible happened,
A whale appeared from below, swimming straight towards the Prophet.
It opened its huge jaws and swallowed Prophet Yunus whole,
And soon, Yunus found himself in its stomach, alone.

Cuando fue tirado al agua, pasó algo increíble,
Una ballena apareció, cerca de la superficie.
Abrió su enorme boca y se tragó a Yunus enterito,
Y pronto Yunus se encontró en su barriga, ahí solito.

Inside the whale's belly, he raised his hands,
He began supplicating to Allah and seeking forgiveness again and again.
Allah says in the Qur'an, that if he hadn't done this,
He would have remained there until the Day of Judgment.

Dentro del estómago de la ballena, Yunus alzo sus manos,
Le suplicó al Todopoderoso y pidió perdón por sus pecados.
En el Corán Alá dice, que bueno que lo hizo,
Porque si no, hubiera permanecido allí hasta el Día del Juicio.

But because of Allah's Mercy, the whale let him go,
He spit him out on a nearby shore.
Yunus could barely move because he became so ill,
And Allah caused a plant to grow over him, to shade him still.

Pero por la misericordia de Alá, la ballena lo escupió,
Y a la orilla del mar fue que Yunus cayó.
Pero Yunus estaba tan enfermo que no se podía parar,
Y Alá hizo crecer sobre él una planta para que pudiese descansar.

When he regained his health, Yunus returned to his message,
Of calling the people to Allah's Oneness.
Alhamdulillah, this time, they all believed,
And Yunus learned that patience is needed in order to succeed.

Cuando recuperó su salud Yunus fue nuevamente,
A llevar el mensaje que Alá es Uno a la gente.
Alhamdulillah, esta vez todos se sometieron como creyentes,
Y así Yunus aprendió que para triunfar, debemos ser pacientes.

Superhero Profile: Prophet Yunus

Name: *Yunus ibn Matta*

Alias: *Yunus, Jonah, Dhun Nun (Possessor of the Fish), Sahibil Hoot (Companion of the Fish/Whale)*

Abilities: *Sincere Repentance, Survived inside the belly of a whale by Allah's will, His people were pardoned by Allah from punishment, Given a second chance by Allah to convey His message of Tawhid (the Oneness of Allah/Monotheism)*

What Prophet Muhammad (peace be upon him) said about him: *"None of you should say that I am better than Yunus (ibn Matta)." (Bukhari)*

What Allah says about him in the Qur'an: *"And, verily, Yunus was one of the Messengers." (37:139)*

Perfil de superhéroe: El Profeta Yunus

Nombre: *Yunus ibn Matta*

Alias: *Yunus, Jonás, Dhun Nun (El dueño del Pez), Sahibil Hut (Compañero del Pez o de la Ballena)*

Abilidades: *Arrepentimiento Sincero, Sobrevivió dentro de la barriga de una ballena por la voluntad de Alá, Su gente fueron exonerados por Alá del castigo, Alá le dio una segunda oportunidad para transmitir el mensaje de Tauhid (la Unicidad de Alá/el Monoteísmo)*

Lo que el Profeta Muhammad (que la paz esté con él) dijo sobre él: *"Ninguno de ustedes debe decir que yo soy mejor que Yunus (ibn Matta)". (Bukhari)*

Lo que Alá dice sobre él en el Corán: *"Y por cierto que Yunus también se contó entre Nuestros Mensajeros". (37:139)*

Questions about the story

1. *What is the name of Prophet Yunus in English?*
2. *What was Yunus' mission?*
3. *Why did Yunus leave his people?*
4. *What happened when Yunus got on the ship?*
5. *What animal swallowed Yunus?*
6. *How did he escape?*
7. *What happened to Yunus when he returned to land?*
8. *Did Yunus' people believe in Allah?*
9. *What should one possess in difficult times?*

Super Challenge #1: Do you know what dua (supplication) Yunus made? Look for it in the Qur'an and write it down.

Super Challenge #2: What did Allah reveal about Yunus in Surah As-Saffat, chapter 57, verses 139-148?

Super Challenge #3: Name 5 surahs or chapters of the Qur'an that are named after a prophet.

Preguntas sobre el cuento

1. *¿Cuál es el nombre del Profeta Yunus en español?*
2. *¿Cuál era la misión de Yunus?*
3. *¿Por qué se fue Yunus de su pueblo?*
4. *¿Qué sucedió cuando Yunus entró al barco?*
5. *¿Qué animal se tragó a Yunus?*
6. *¿Cómo logró Yunus salir?*
7. *¿Qué le pasó a Yunus cuando llegó a la tierra?*
8. *¿La gente de Yunus creyeron en Alá?*
9. *¿Qué se debe tener en tiempos de dificultad?*

Super Reto #1: ¿Sabes la súplica que hizo Yunus? Búscala en el Corán y escríbela.

Super Reto #2: ¿Qué reveló Alá acerca de Yunus en Surah As Saffat, el capítulo número 57, en los versos 139-148?

Super Reto #3: Nombra 5 suras, o capítulos del Corán, que llevan el nombre de un profeta.

A Dua to Remember

La ilaha illa Anta, Subhanaka, inni kuntu mina dhalimin

The Prophet Muhammad (peace be upon him) said, "The supplication of my brother Dhun Nun (Yunus, peace be upon him), who called on Allah while in the whale's belly: 'There is no deity but You. Glory be to You! Verily, I have been among the wrongdoers' (Quran, 21:87) - no Muslim person says it, for any situation whatsoever, except that Allah Most High answers his call."

[reported in at-Tirmidhi]

Un Dua para recordar

La ilaha illa Anta, Subhanaka, inni kuntu mina dhalimin

El Profeta Muhammad (que la paz esté con él) dijo, "La súplica de mi hermano Dhun Nun (Yunus, que la paz esté con él), quien llamó a Alá estando en el estómago de la ballena: 'No hay otra divinidad más que Tú. ¡Glorificado seas! Ciertamente he sido un inicuo.' (El Corán, 21:87) - Ningun musulman lo dice, por cualquier situación, excepto que Alá el Altísimo responderá a su llamada".

[reportado en At-Tirmidhi]

The Strong Willed Messengers

Our Superheroes Profiles

Los mensajeros dotados

Nuestros Superhéroes Perfiles

"And remember when We took from the Prophets their convenant, and from you (O Muhammad), and from Nuh, Ibrahim, Musa, and 'Iesa son of Maryam. We took from them a strong convenant."

"Recuerda cuando Nosotros tomamos de los Profetas su compromiso como también de ti (O Muhammad), de Noé, de Abraham, de Moisés y de Jesús hijo de María y tomamos de ellos un compromiso solemne."

(Qur'an / El Corán, 33:7)

Our Superheroes- Profiles / Nuestros Superhéroes- Perfiles

Name: Nuh

Alias: Prophet Nuh, Noah

Abilities: Super strength. Patience and courage in calling the people to worship Allah alone for over 950 years. Possessed great carpentry and engineering skills. Constructed the ark under Allah's supervision, and gathered a pair of each animal to take inside.

What does Allah say about him:

"Salam (peace) be upon nuh (Noah) (from Us) among the 'Alamin (mankind, jinn and all that exists)!" (Chapter As-Saffat/Those who set the ranks, 37:79)

Challenge: Can you find other verses in the Qur'an where Allah mentions him?

Nombre: Nuh

Apodos: Profeta Nuh, Noé

Habilidades: Super fuerza. Paciente y valiente en llamando a la gente a adorar a Allah sólo por más de 950 años. Poseaba habilidades en la carpintería e ingeniería. Construyó el arca bajo la supervisión de Allah, y reunió un par de cada animal para llevarlos adentro.

¿Qué dice Allah sobre él?:

"Paz a Noé en todo el universo." (El capítulo as-Saffat/Los ordenados en filas, 37:79)

Desafío: ¿Puédes encontrar otros versiculos en el Corán dónde Allah lo menciona?

Our Superheroes- Profiles / Nuestros Superhéroes- Perfiles

Name: Ibrahim

Alias: Khalilullah (The Close Friend of Allah), Abraham

Abilities: Super strength. Shielded by Allah from fire, Built the Kabah with his bare hands, All the prophets and messenger after him descended from his lineage. Superior intelligence from a young age.

What does Allah say about him:

"And who can be better in religion than one who submits his face (himself) to Allah and he is a Muhsin (a good-doer). And follows the religion of Ibrahim, Hanifa (Islamic Monotheism - to worship none but Allah Alone). And Allah did take Ibrahim as a Khalil (a close friend)!" (Chapter An-Nisa/The Women, 4:125)

Challenge: Can you find other verses in the Qur'an where Allah mentions him?

Nombre: Ibrahim

Apodos: Khalilullah (El amigo cercano de Allah), Profeta Ibrahim, Abraham, Abrahán

Habilidades: Super fuerza. Alá lo protegió del fuego. Construyó la Kaba con sus propias manos. Todos los profetas y mensajeros después de él son de su linaje. Inteligencia superior de una temprana edad.

¿Qué dice Allah sobre él?:

"¿Quién es mejor en religion que aquel que se somete a Allah y a Sus leyes, y sigue la doctrina de Abraham quien no adoraba sino un solo dios y a quien Allah le amaba?" (El capítulo An-Nisa/Las mujeres, 4:125)

Desafío: ¿Puédes encontrar otros versiculos en el Corán dónde Allah lo menciona?

Our Superheroes- Profiles / Nuestros Superhéroes- Perfiles

Name: Musa

Alias: Prophet Musa, Moses

Abilities: Eloquent speech. His staff transformed into a giant snake. His hand shined white like the full moon. Struck a stone with his staff and twelve springs gushed from it. Split the Red Sea. He was given the Torah. Allah spoke to him directly.

What did Allah say about him:

Allah said: 'O Musa I have chosen you above men by My Messages, and by My speaking to you. So hold that which I have given you and be of the grateful." (Chapter Al-Araf/The Heights, 7:144

Challenge: Can you find other verses in the Qur'an where Allah mentions him?

Nombre: Musa

Apodos: Profeta Musa, Moisés

Habilidades: Discurso elocuente. Su bastón se convertía en una serpiente. Su mano brillaba blanca como la luna llena. Golpeó una piedra con su bastón y doce fuentes de agua salieron. Pudo dividir el Mar Rojo. Se le dio la Torá. Allah habló con él directamente.

Qué dice Allah sobre él:

"Dijo (Allah): '¡Oh Moisés! Yo te he escogido de entre todos los hombres para (que lleves) Mi misión y Mi palabra. Toma pues, lo que te doy sé de los agradecidos'." (El Capítulo Al-Araf/El muro divisorio, 7:144)

Desafío: ¿Puédes encontrar otros versiculos en el Corán dónde Allah lo menciona?

Our Superheroes- Profiles / Nuestros Superhéroes- Perfiles

Name: Isa

Alias: Isa ibn Maryam, al-Messih, The Messiah, The Anointed One, Jesus (the son of Mary), Jesus Christ

Abilities: The ability to heal the sick. Spoke as a newborn. He was given the Injeel (the Gospel). Gave life to the dead by Allah's Will. Allah sent to him a table full of food from Paradise to share with his companions. The only prophet that is still alive. Born without a father.

What did Allah say about him:

"Remember when the angels said: 'O Maryam! Verily, Allah gives you the glad tidings of a Word from Him, his name will be the Messiah Isa, the son of Maryam , held in honor in this world and in the Hereafter, and will be one of those who are near to Allah.'" (Chapter Al-'Imran/The Family of Imran, 3:45)

Challenge: Can you find other verses in the Qur'an where Allah mentions him?

Nombre: Isa

Apodos: Profeta Isa, Isa ibn Mariam, El Mesih, El Mesías, Jesús (el hijo de María), Jesucristo

Habilidades: Habló de recién nacido. La habilidad de curar los enfermos. Recibió el Inyil (el Evangelio). Le dio vida a los muertos por la Voluntad de Allah. Allah le envió una mesa llena de comida del Paraíso para que compartiera con sus compañeros. El único profeta que aún está vivo. Nació sin padre.

Qué dice Allah sobre él:

"(Recuerda) cuando los ángeles dijeron: '¡O María! Dios Te anuncia Su Verbo ('Se' y fue). Su nombre será Jesús el Mesías, hijo de María, distinguido en este mundo y en el otro y entre los acercados a Dios'." (El Capítulo Al-'Imran/La familia de Amram, 3:45)

Desafío: ¿Puédes encontrar otros versiculos en el Corán dónde Allah lo menciona?

Our Superheroes- Profiles / Nuestros Superhéroes- Perfiles

Name: Muhammad

Alias: Rasul Allah, Prophet Muhammad, Al-Ameen, Al-Mustafa, Ahmed, Abu Qasim, Khatim al-Anbiya

Abilities: The ability to split the moon. Traveled from Makkah to Jerusalem in one night. Possessed the strength of ten men. He was given the Qur'an and memorized it completely even though he could not read or write. Perfect manners and character. The ability to feed many people from a small portion of food. A mercy to all of mankind.

What did Allah say about him:

Indeed in the Messenger of Allah (Muhammad you have a good example to follow for him who hopes for the Meeting with Allah and the Last Day, and remembers Allah much. (Chapter Al-Ahzab/The Coalition, 33:21)

Challenge: Can you find other verses in the Qur'an where Allah mentions him?

Nombre: Muhammad

Apodos: Rasul Allah, Profeta Muhammad, Mujamad, El Amin, El Mustafa, Ahmed, Abu Qasim, Khatim el-Anbiya (El sello de los profetas)

Habilidades: La habilidad de dividir la luna. Viajó desde Meca a Jerusalén en una noche. Tenía la fuerza de diez hombres. Se le dio el Corán y se lo memorizó por completo a pesar de que no sabía leer ni escribir. Poseía perfectos modales y carácter. La habilidad de dar de comer a muchas personas con poca comida. Fue una misericordia para toda la humanidad.

Qué dice Allah sobre él:

"Vosotros tenéis en el Mensajero de Dios un ejemplo excelente (de conducta) para el que tenga esperanza en Dios y en el Día Final e invoque mucho a Dios." (El Capítulo Los Conjurados, 33:21)

Desafío: ¿Puédes encontrar otros versiculos en el Corán dónde Allah lo menciona?

Color / Colorea

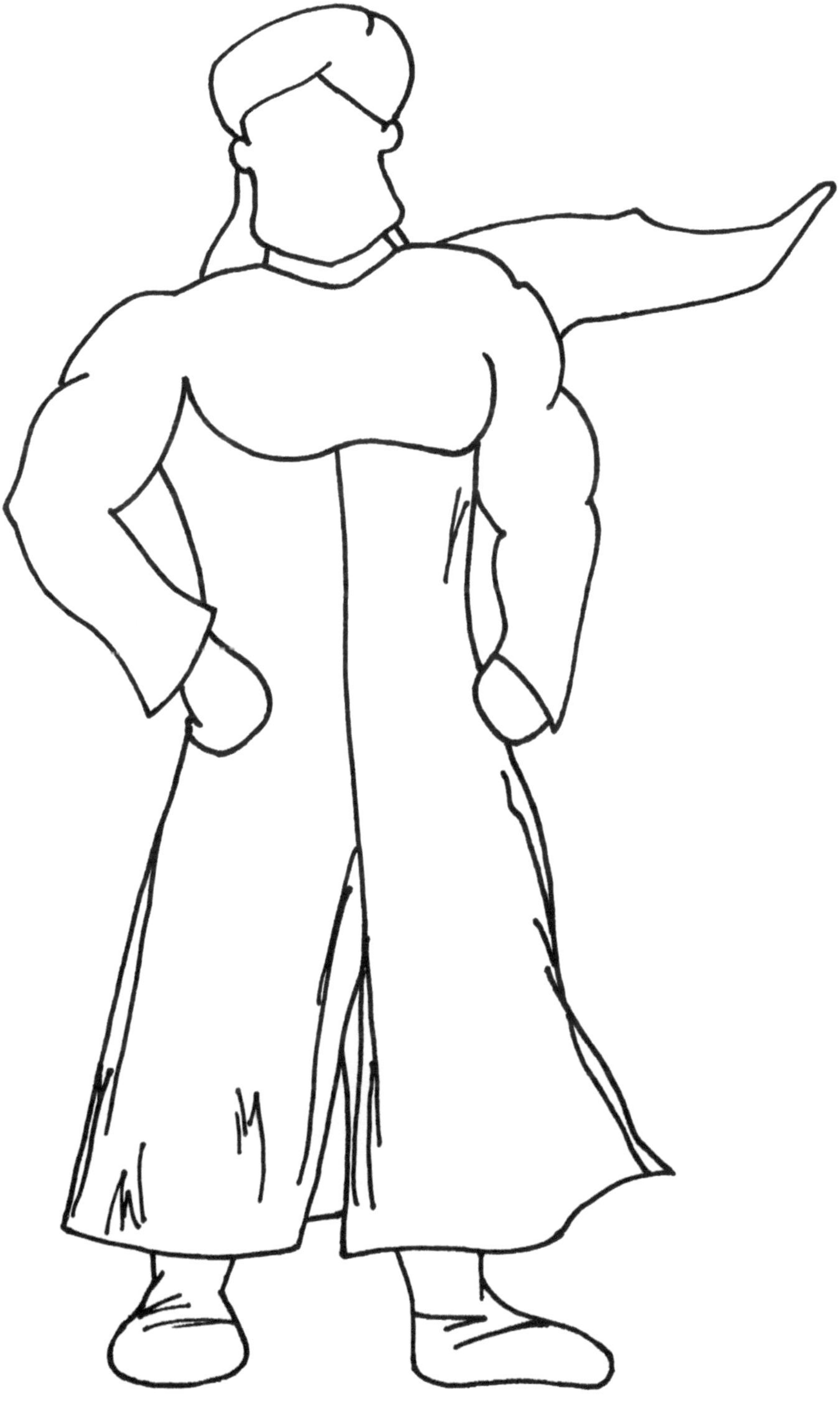

Color / Colorea

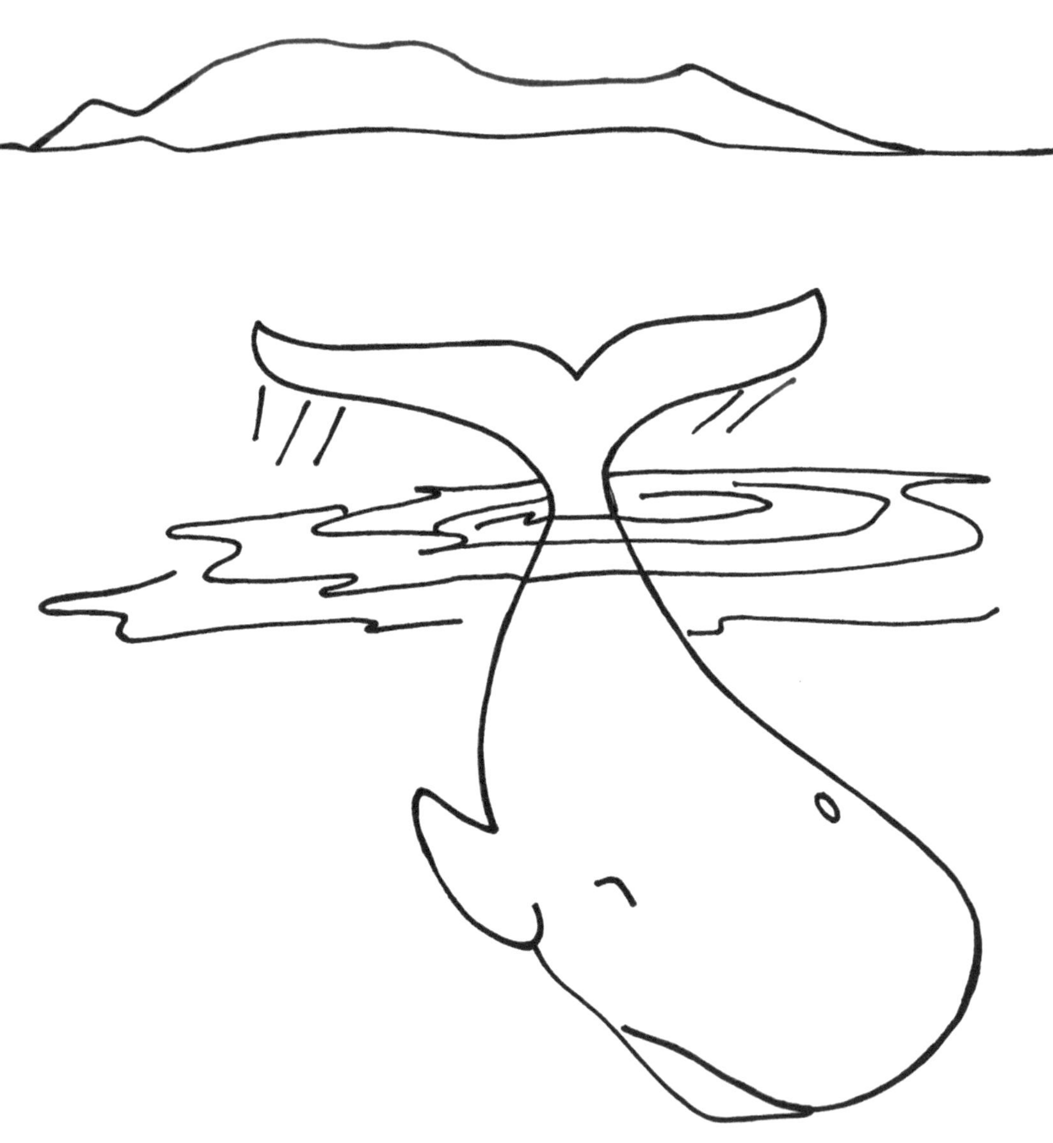

Color / Colorea

HIN

Other titles by Wendy Díaz

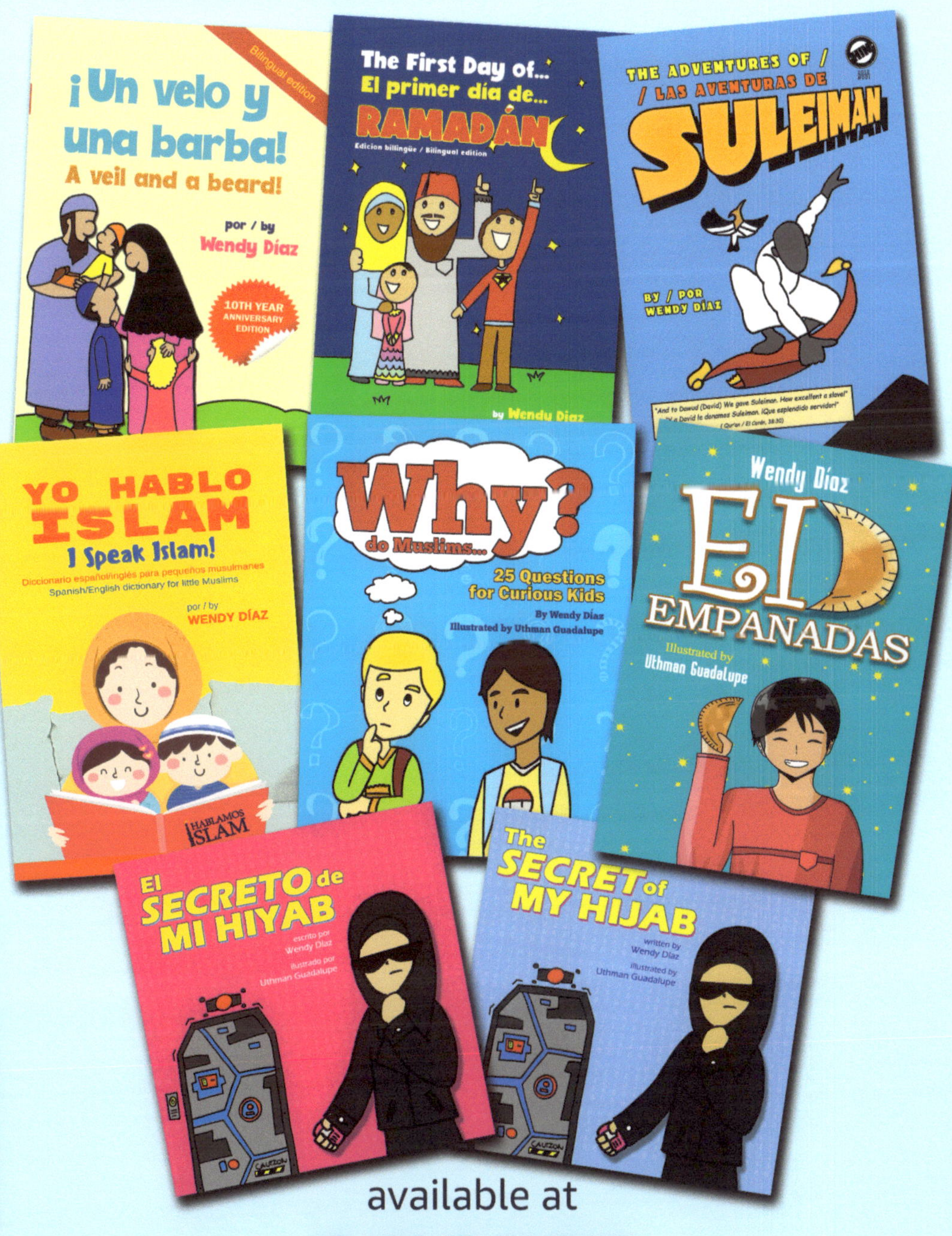

available at

amazon

And other online bookstores

www.ingramcontent.com/pod-product-compliance
Ingram Content Group UK Ltd.
Pitfield, Milton Keynes, MK11 3LW, UK
UKHW060403300726
14090UKWH00001B/105

* 9 7 9 8 4 3 6 5 7 7 6 9 2 *